CINQ JOURS D'UN PARISIEN

DANS LA

NAVARRE ESPAGNOLE,

PAR

M. FRANÇOIS SAINT-MAUR,

DE LA SOCIÉTÉ DE L'ÉCOLE IMPÉRIALE DES CHARTES,

DE CELLE DES ANTIQUAIRES DE NORMANDIE,

MEMBRE ET ANCIEN PRÉSIDENT

DE LA SOCIÉTÉ DES ANTIQUAIRES DE L'OUEST.

PAU,

IMPRIMERIE ET LITHOGRAPHIE DE É. VIGNANCOUR.

—

1863.

A MON AMI

CHARLES D'ESPALUNGUE.

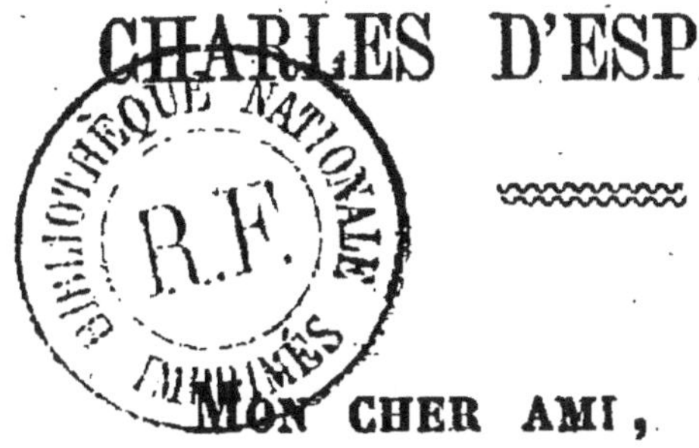

MON CHER AMI,

J'ai tenté de consigner, dans ces quelques pages, le souvenir de l'excursion que nous avons accomplie ensemble, il y a peu de mois. En l'écrivant, je pensais à toi, et je charmais ainsi ma pauvre narration. — Puisse-tu, en la lisant, partager ces sentiments; tu y verras, du moins, un nouveau témoignage de ma vive, profonde et constante affection.

E.-M. FRANÇOIS SAINT-MAUR.

CINQ JOURS D'UN PARISIEN

DANS LA

NAVARRE ESPAGNOLE.

Octobre 1862.

Toujours prête au combat, la sombre Pampelune
Avant de s'endormir aux rayons de la lune
Ferme sa ceinture de tours.

(V. Hugo. — *Orientales.*)

Je voudrais raconter fort simplement mes impressions sur une contrée voisine où je viens de passer quelques jours agréables. Je voudrais payer à ce beau pays et à ses habitants, la dette de reconnaissance que j'ai contractée à leur égard ; peut-être aussi ces quelques lignes ne paraîtront-elles pas absolument dépourvues de tout intérêt. Parler de la Navarre à des Béarnais, c'est aborder un sujet qui ne leur est pas étranger ; les relations des deux contrées ont été, jadis, si suivies, si intimes ; elles ont été unies par des intérêts si mêlés que l'on peut avoir quelque chance de se faire écouter en en disant un mot. Il ne s'agit ici, du reste, que d'une rapide et incomplète esquisse ; telle quelle, je la livre en toute humilité.

En contemplant cette magnifique chaîne de marbre qui nous sépare de nos voisins du Midi, combien de fois n'ai-je pas été saisi du désir d'aller voir ce qu'elle nous cache et de mettre le pied, ne fût-ce que pour quelques instants, sur cette terre d'Espagne dont le nom éveille tant de souvenirs glorieux, tant de douces et gracieuses pensées ! — L'aspect est si beau de ce côté, qu'il ne saurait être fort différent de l'autre ; il faut s'en assurer : voilà ce que je me disais depuis plusieurs années, voilà ce que je répétais en me demandant quand viendrait l'heure du départ. Ce que j'avais vu dans le Guipuzcoa ne faisait qu'accroître mes désirs ; mais il existe tant d'obstacles pour celui qui n'est pas libre. Et puis, j'attendais une occasion et jusqu'à ce jour elle m'avait toujours fui.

Enfin, je m'étais promis que les vacances ne s'écouleraient pas sans voir la réalisation de ce modeste plan, et j'ai pu, grâces à Dieu, ne pas manquer à ma promesse,

Depuis quelques jours, j'étais près de Sauveterre, dans une famille qui porte, avec autant de dignité que de simplicité, un des plus beaux noms historiques du Béarn, et où se conservent ces traditions d'honneur et de vertu, apanage et signe de la véritable noblesse ; dans ce site gracieux dont je goûtais le charme, en jouissant d'une hospitalité cordiale et dévouée, j'avais sous les yeux la plus admirable vue de montagnes que l'on puisse désirer. Pourquoi donc ces étrangers qui tous les ans hivernent en Béarn, pourquoi les amateurs des beaux sites ne vont-ils pas à Sauveterre? Ils y jouiraient d'une vue que je n'hésite pas à mettre en parallèle avec celle de Pau ; moins riche, moins variée d'aspect, elle est peut-être plus grandiose dans sa simplicité sévère ; la chaîne des Pyrénées s'y développe dans une étendue considérable et, si l'on veut prendre la peine de gravir les côteaux au pied desquels s'étend la petite cité Béarnaise, l'œil surpris et charmé y découvre jusqu'à sept plans et embrasse le développement de ces monts depuis le Pic du Midi de Bigorre jusqu'à l'humble montagne de Fontarabie : cela vaut bien la peine de se déranger.

C'est de là qu'accompagné de l'ami fidèle qui m'avait hébergé et que j'arrachais aux douceurs de la vie de famille (pour peu de jours, il est vrai), je partis pour cette illustre Navarre et sa célèbre capitale, Pampelune, ou, plus exactement, Pamplona.

De la route jusqu'à la frontière que nous devions aborder carrément et de face, car nous allions droit devant nous, je ne veux rien dire ; il faut savoir se borner. Passons donc rapidement et en lui adressant une mention qu'il mé-

rite bien, devant le joli parc d'Osserain; saluons Parenties, Rivehaute et les bords aima-
bles du Saison; traversons St-Palais et franchissons au plus vite les sévères régions qui
nous séparent de la vallée de St-Jean-Pied-de-
Port; comme il faut rendre justice à tout le
monde (même quand on en fait profession)
j'attesterai que nous n'y avons pas reçu le
moindre coup de makila, quoiqu'il fît nuit. J'ai
bien de la peine à m'empêcher de dire un mot
de cette vallée de St-Jean, une des plus re-
marquables assurément des Pyrénées qui en
renferment tant. Allez la voir si vous n'y
avez pas encore été; retournez-y, si vous la
connaissez déjà, et vous direz avec moi, que
c'est une petite merveille. Où trouver, en
effet, un plus délicieux ensemble, un tout plus
harmonieux? Au centre, St-Jean, si pittores-
que dans ses vieux murs maintenant inoffensifs
avec sa citadelle bien gardée, avant-poste des
armées françaises; autour d'elle, comme des
suivantes autour d'une princesse, tous ces
charmants villages, St-Jean-le-Vieux, Saint-

Michel, Lacarre, Uhart, et puis, renfermant le tout, un horizon *fait à souhait pour le plaisir des yeux.*

Mais je suis encore en France et je ne devrais pas parler : je crains vraiment de jouer le rôle du Rat de la Fable et qu'on ne rie quelque peu de mes naïves impressions.

En me lisant se souviendra-t-on de ces vers charmants :

> Un rat hôte des champs, rat de peu de cervelle
> Des lares paternels un jour se trouva soûl
> Il laisse là le champ, le grain et la javelle,
> Va courir le pays, abandonne son trou.
> Sitôt qu'il fut hors de sa case ;
> Que le monde, dit-il, est grand et spacieux !
> Voilà les Appenins et voici le Caucase,
> La moindre taupinée était mont à ses yeux.

Et cependant j'ai devant moi les Pyrénées qui ne sont pas précisément, ce me semble, de simples *taupinées*, et bientôt, pour continuer le langage de La Fontaine, je pourrai dire :

> J'avais franchi les monts qui bornent cet Etat
> Et trottais comme un jeune rat
> Qui cherche à se donner carrière.....

Poursuivons donc bravemement notre narration. Je vais sortir de la riante vallée de St-Jean ; c'est là, à proprement parler, que commence notre excursion. Bientôt il nous faudra quitter les voitures pour prendre les chevaux. Après un séjour à l'hôtel Roy, que je recommande pour la politesse et l'empressement de son hôte, nous prenons un guide et deux chevaux, et munis, grâces à l'obligeance d'un ancien député aux Cortès espagnols, qui voudra bien nous permettre de lui renouveler l'expression de notre gratitude, de lettres de recommandation pour divers lieux, nous nous dirigeons vers le Val Carlos, grand nom qui éveille de grands souvenirs. Arnéguy est atteint ; nous franchissons le pont et nous voici en Espagne, à Luzaïde. L'aspect des choses a déjà changé ; l'église offre cet ensemble de richesse et de propreté que l'on recherche souvent en vain en France ; elle possède un de ces beaux retables, ornement de tous les autels espagnols. Un autre signe du changement de territoire, c'est l'existence d'une place pompeusement décorée du nom de Place de la Constitution. Les Espagnols, pour bien se persuader qu'ils sont constitutionnels, ressemblent un peu au berger Guillot ;

> Il aurait volontiers écrit sur son chapeau
> C'est moi qui suis Guillot, berger de ce troupeau.

Tout dans ces villes navarraises est constitutionnel, les places, les rues et les alcades, — mais laissons Luzaïde ; pénétrons dans le Val Carlos ; le chemin devient terriblement accidenté et nos bêtes le gravissent d'un pas énergique et mesuré.

Il court sur le flanc occidental de la montagne, au travers des roches, des escarpements et des déchirements creusés par les eaux descendant du faîte ; il est bordé par de chétives maisons numérotées comme s'il s'agissait d'une rue parfaitement alignée et soumise à toutes les règles de la voirie municipale. Une rue ! c'en est une, vraiment, car j'ai lu son nom sur une de ces pauvres demeures ; elle se nomme *Calle de Gañecoleta* — soit ; mais c'est une rue où l'on ne rencontre que les *arrieros* conduisant leurs mules et encore faut-il se ranger soigneusement dans les anfractuosités du chemin. Après deux heures environ de montée, au milieu de ces sites si souvent décrits, tour à tour gracieux et grandioses, où je ne puis m'empêcher de songer à Charlemagne et à Roland, nous arrivons au pied du contrefort qui ferme la vallée et qui devrait être la limite de la France, s'il avait été possible à Messieurs de la Commission de délimitation d'appliquer en notre faveur le principe du cours des eaux qui toutes se dirigent vers le versant septentrionnal (1).

---

(1) On éprouve un sentiment pénible au point de vue de l'amour-propre national en constatànt que le Val Carlos qui devrait être *entièrement* français est au contraire *entièrement* espagnol. Et cependant ces populations sont complètement séparées de l'Espagne avec laquelle elles ne peuvent communiquer qu'en franchissant les sentiers quasi

Avant d'atteiedre ces derniers escarpements et de franchir le col, nous traversons une superbe forêt; on fait halte près d'une cabane où réside une famille de bûcherons et qu'approvi-

---

inaccessibles et impraticables du Col d'Ibañeta ; — aussi toutes leurs relations sont avec la France et on les voit alimenter le marché de Saint-Jean-Pied-de-Port. — Nous avons pu nous convaincre de ce fait au retour ; c'était jour de marché en cette ville et nous rencontrâmes force habitants du Val regagnant leurs demeures. — On ne s'expliquerait guères ces anomalies qui existent sur beaucoup d'autres points de la frontière, à St-Béat, par exemple, si l'on ne se rappelait que pendant un siècle, entre la France et l'Espagne, suivant le beau mot de Louis XIV, il n'y a plus eu de Pyrénées. Après tout ne sommes-nous pas encore reliés par les liens d'alliance et de sympathie qui rapprochent les deux nations ? Pouvons-nous oublier que pendant longtemps elles ont été gouvernées par des princes de la même famille ? qu'elles sont de même race ? que depuis Blanche de Castille, maintes fois nous y avons été chercher nos reines ? et que la noble et belle souveraine assise avec l'Empereur sur le trône de France est sortie de cette grande et généreuse contrée ?

sionnent de vin de Navarre, les muletiers de passage. Triste et rude existence que celle de ces pauvres gens, dans leur gîte, au milieu des bois et à une pareille altitude ! Leur accueil est poli comme celui (je suis heureux et j'ai hâte de le dire) de toutes les étapes Navarraises où nous avons fait halte. Hommes et bêtes, refaits par quelques instants de repos, gravissent rapidement les dernières pentes, si rudes et escarpées qu'il a fallu soutenir le sentier par des rangées d'arbres placés transversalement et atteignent le *Col d'Ibañeta*. Mentionnons le coup-d'œil superbe dont on y jouit, *si le temps le permet* (comme disent les affiches de courses de taureaux), au nord sur la vallée françaiee de St-Jean, au sud, sur celles de la Navarre.— Là se trouve une chapelle profanée, car on en a fait un abri pour les animaux et qui cependant possède encore sa cloche. — Nos ancêtres se plaisaient aux érections de monuments religieux sur les cîmes élevés : l'air y est plus pur; le corps paraît moins attaché à la terre, les aspirations de l'âme se dirigent plus vives et plus

ardentes vers le Ciel : volontiers ils se rappe-
laient les paroles du Psalmiste *Mirabilis Deus
in altis*, Dieu est admirable sur les hauts lieux,
et ils disaient, comme notre grand poète La-
martine :

« Jehovah de la terre a consacré les cimes. »

Laissons cette pauvre chapelle et ce Col où
nous sommes assaillis par une affreuse bour-
rasque dont nous nous garantissons avec peine ;
descendons vers Roncevaux ; nous y arrivons
heureusement en peu d'instants. Roncevaux !...
quels noms et quels souvenirs ; le grand Charles, Roland, les Paladins de la Table Ronde,
l'archevêque Turpin, les Douze Preux, le chant
d'Altabiscar, les calamités de l'armée franque,
si complaisamment rappelés par la ballade espagnole, tout ce monde gigantesque, tous ces
faits de l'épopée historique se pressent dans
mon esprit, et je cherche avec une curiosité
inquiète les traces de ces grands événements ;
je voudrais en découvrir quelques vestiges sur
les lieux que j'interroge vainement et je me

surprends à murmurer ce chant que Sancho entendit la nuit dans les rues du Toboso :

> Mala la hubistes, Franceses
> En esa de Roncesvalles ! (1)

Mais toute cette poésie épique est en nous et il ne faut pas s'attendre à en trouver vestige. — Voilà bien cependant le couvent, nous passons sous une voûte où je remarque une inscription qui nous informe que nous sommes dans la province de Navarre, le district judiciaire d'Aoïz et le bourg de Roncevaux, — même le nom de la rue y est inscrit, mais je l'ai oublié. — Oui, c'est là Roncevaux, il faut le dire et se le répéter. — Quel désenchantement ! au lieu de vieilles constructions Romanes rappelant les siècles Carolingiens, un ensemble disgracieux et sans caractère, de grands bâtiments insignifiants, sans style et sans majesté, édifice relativement moderne qui ne nous

---

(1) Vous eûtes mauvaise journée
Français, au val de Roncevaux.

2

parle plus de Charles et de Roland ! C'est à peine si l'on découvre dans une construction abandonnée les jolis arceaux à plein cintre du style roman.

Quittons donc ces indignes bâtisses (après nous être mis en règle pour nos chevaux avec la *aduana* et les *carabineros del Reino* qui, malgré mes protestations de nationalité française veulent à toute force me prendre pour un Anglais); quittons et la place d'en haut, et la place d'en bas (*plaza de arriba, plaza de abajo*). Consolons-nous en admirant le paysage qui est réellement admirable, ces prairies verdoyantes, ces montagnes couvertes de riches forêts et courons au plus vite, en traversant le pré de Roland, à Burguete, le plus prochain *pueblo;* il est grand temps d'y prendre quelque repos, car la journée a été bonne pour des citadins comme nous et nous sommes trempés !

Burguete est un joli village situé au milieu du vallon, à une altitude relativement considérable. — C'est, en effet, une remarque à faire pour toutes les Pyrénées occidentales, le versant français est escarpé, abrupt et se prolonge peu dans l'intérieur. — Le versant espagnol, au contraire, offre des pentes plus douces et l'arête principale projette au loin des ramifications qui pénètrent dans le sein de la Péninsule. — Aussi les premiers villages de ce côté sont-ils plus élevés que leurs correspondants en France, et l'on peut assez exactement se représenter les Pyrénées comme un plan incliné du côté de l'Espagne, comme un rapide talus du côté de la France.

Burguete est donc encore fort au-dessus du niveau de la mer et son climat se ressent de ces conditions atmosphériques; l'air y est vif, pur, d'une température peu élevée. C'est une agglomération d'environ 40 à 50 feux bordant la route qui de là gagne Aoïz, en descendant des pentes boisées et courant dans la vallée de l'Iraty. — Nous y arrivâmes par la pluie (ce qui, paraît-il, est assez fréquent), et nous avions grand besoin d'une hospitalité honnête, d'un abri et d'un bon feu. Je dois à la vérité de déclarer que nous les avons trouvés à l'auberge del Señor Iñarrea, où nous passâmes la soirée réunis autour d'un de ces foyers primi-tifs d'une forme originale et que je n'ai vu que là.

C'est, en effet, au centre de la cuisine que se trouve le feu, alimenté par des arbres qui brûlent joyeusement et projettent une grande chaleur. — La fumée s'échappe en tourbillon-nant par une vaste cheminée en forme d'enton-noir renversé qui entr'ouvre le plafond au centre. — Deux ou trois poutres transversales supportent les marmites et crémaillères, et c'est autour de cet âtre original que les habi-tants et hôtes de la maison se rassemblent en cercle pour la veillée.

Elle fut, pour nous, je puis le dire, fort agréable ; cette population a une physionomie honnête qui plaît et il y a de la cordialité dans l'accueil qu'ils font aux étrangers ; leur abord est facile sans être bas ; leur tenue familière sans inconvenance. — Assis autour de ce feu, ils causent entre eux jusqu'au moment où pa-raît la guitare. — Il y en a dans toutes les *po-*

sadas et il ne faut pas insister beaucoup pour l'entendre résonner sous leurs doigts agiles et harmonieux. — C'est un spectacle dont nous avons joui ; l'un prit cet instrument, un autre une mandoline ; ils préludèrent quelques instants, puis, après s'être mis d'accord, attaquèrent ces airs grêles et un peu monotones, mais non dépourvus de charme, qu'on entend partout en Espagne. Assis sur son banc de bois, nonchalamment appuyé contre le mur, éclairé par les rouges lueurs du foyer, notre guitariste s'accompagnait en chantant. Une connaissance trop imparfaite de l'idiôme ne nous permettait pas de tout saisir et plus d'un couplet nous échappa. J'y distinguai cette phrase où se retrace à la fois l'esprit philosophique du pays et le souvenir encore récent, de ses douloureuses discordes :

Al mundo hay muchos contrarios
Christinos y Voluntarios..... (1)

-----

(1) Le monde est plein de contraires
Troupes Royales et volontaires.....

A peine quelques accords s'étaient-ils fait entendre qu'un Aragonais de passage, s'était levé et avait commencé, avec une fille de la maison, une de ces danses interminables, si goûtées de nos voisins.

Cette scène ainsi éclairée par les éclats d'un grand feu, dans une vaste salle, n'était pas sans poésie ; elle n'eut pas été indigne du pinceau de Leleux ou de Giraud.

Le lendemain, à la pointe du jour, nous étions sur pied et, sans nous effrayer d'un ciel menaçant, nous trottions vers Aoïz.

Les forêts qu'on traverse en quittant Burguette sont magnifiques, les sites agrestes et grandioses, les montagnes moins âpres que dans le Val Carlos. Grâces à une belle route dont les gens du pays sont très-fiers et qu'ils décorent du nom de *Camino Réal*, on les franchit très-aisément. Dans la belle saison, une voiture fait le service de Burguette à Aoïz : elle avait cessé et nous devions franchir à cheval les cinq lieues espagnoles qui nous séparaient du chef-lieu judiciaire du district. Bientôt nous arrivons dans la vallée ; l'aspect change complètement ; au sol boisé et verdoyant succède un terrain sec et dénudé, resserré dans plusieurs endroits entre deux énormes murailles de rochers. Un assez grand nombre de villages sont jetés sur les flancs et les contreforts de ces montagnes ; presque tous ont le même aspect ; quelques tristes maisons groupées autour d'une église sans caractère architectural ; des champs labourés, quelques vignobles, peu d'arbres ; voilà l'aspect général du pays depuis Villanueva jusqu'aux portes d'Aoïz ; notons cependant Nagorre dont le site est plus riant et dont l'importance paraît un peu plus marquée.

Puis-je dire, en ma qualité d'archéologue, que j'ai cru apercevoir quelques vestiges de la voie romaine qui, du temps des Antonins traversait cette vallée ? — En vérité, je n'ose guère, tant j'ai peur du sourire des railleurs et tant j'ai présent à la pensée le souvenir de la mésaventure de l'antiquaire Oldbuck, si bien racontée par W. Scott, au sujet du camp romain de Dundee et de la fameuse inscription A. D. L. L. (Aiken's Drum Long Laddle) qu'il interprétait fort exactement en vérité (Agricola Dicavit Libens Lubens) lorsque le vieux Ochiltree vient par un mot brutal et vrai renverser tout l'édifice laborieusement construit des déductions du malheureux archéologue. Et cependant nous sommes bien sur le terrain parcouru par cette fameuse voie qui reliait *Imus Pyreneus* (St-J.-P.-P.) à Pompelo en passant par Tarrissa que M. Lapie veut placer à Ostériz et que M. Perret prétend n'avoir jamais existé.

Fuyons ces recherches et ces dissertations auxquelles mon compagnon de route restait, malgré mes efforts, profondément indifférent.

Pourquoi, en effet, se passionner pour ces études? Et qu'en pouvons-nous tirer de bon? A ceux qui les aiment, il n'y a rien à dire; aux indifférents, aux profanes qui ne comprennent pas qu'on s'enthousiasme pour un vieux mot, une vieille pierre ou un vieux souvenir, il n'y a rien à expliquer.

C'est ainsi qu'après avoir soldé deux fois le *derecho de Cadena* (1), nous entrions triomphalement vers midi dans la petite ville d'Aoïz et qu'après avoir dîné dans la posada d'un aubergiste bavard (dont je veux taire le nom, quoiqu'il soit fort pompeux) après avoir jeté un coup-d'œil sur la ville, relevé quelques inscriptions (2), et visité l'église dont le rétable peint et doré, peuplé de saints et d'apôtres, dominés par la grande figure de l'archange saint Michel terrassant le dragon, est vraiment très-beau, nous prenions le correo qui, trainé

---

(1) Droit de péage sur les routes analogue à celui qui existe chez nous pour certains points.

(2) Les espagnols se plaisent à ces inscriptions qui consistent pour la plupart en quelques sentences morales ou religieuses.

J'en note ici deux dont l'une est gravée à la façade de la maison d'un Comte bien connu et aimé à Pau :

En la casa del que jura

No faltara Desventura.

O que mucho lo de alla

O que poco lo de aca.

par un attelage composé de chevaux et de mules, nous entrainait vers Pampelune.

Trois heures après, au bas d'une côte, nous
apercevions les murailles et les clochers de la
capitale de la Navarre, et notre voiture après
avoir franchi le pont-levis et la poterne nous
descendait dans une des rues de cette belle cité.

J'avoue que ma satisfaction eût été mêlée de
quelque dépit si mon amour-propre national
avait parlé trop haut, car il est peu, je crois,
de villes françaises de ce rang qui puisse entrer
avantageusement en comparaison avec Pampelune. Cette vieille et glorieuse cité n'a pas,
m'a-t-on dit, plus de 25,000 âmes; elle semble
en avoir beaucoup plus. Cette impression n'est
pas mienne seulement; un Mexicain que nous
rencontrâmes dans nos courses, l'éprouvait et
l'exprima devant nous.

Oui, Pampelune est non-seulement une ville
curieuse, riche de souvenirs et de gloire, mais
encore une jolie ville, où plus d'une municipa-
lité française, pourrait aller prendre des leçons
d'administration et de voirie.

Mentionnons rapidement ce qu'elle offre de remarquable ; sa place (de la Constitution , bien entendu), son théâtre, ses hôtels à façade sculptée et armoriée, son palais des députés provinciaux, son hôtel-de-ville, ses églises et surtout sa cathédrale, en voilà plus qu'il n'est nécessaire pour la ranger parmi les villes dignes d'être vues avec soin.

Descendus à la Fonda de Otermin, nous y restions à peine quelques instants pour réparer le désordre de nos vêtements et nous sortions promptement pour parcourir la ville. Le jour baissait et quoiqu'il ne fît pas très-froid, l'air était assez vif pour renfermer les promeneurs dans leurs manteaux où ils s'embossent en se drapant avec dignité. Nous pûmes cependant voir avant la nuit le palais des députés de la province ; je dis le *Palais* car c'en est vraiment un ; et l'aspect monumental de l'édifice à l'extérieur avait attiré notre attention. Nous demandâmes la permission de le visiter et quoiqu'il fût en réparation à l'intérieur, on nous l'accorda de suite et avec bonne grâce. Je note ici, pour n'y plus revenir et pour payer une dette de vérité et de reconnaissance, l'extrême politesse, la bienveillance et l'affabilité courtoise dont firent preuve à notre égard tous les agents ou fonctinnaires auxquels nous nous adressâmes ; au palais de la députation, comme à la casa municipal, comme dans les rues ou les églises, toujours on répondit avec bienveillance à nos demandes et à nos questions faites dans un langage qui dénotait évidemment des étrangers. C'est un fait qu'il faut reconnaître et constater à l'honneur de l'hospitalité espagnole.

Le soir, nous parcourons la ville ; elle est bien éclairée au gaz ; nous rencontrons quelques mantilles et des ecclésiastiques coiffés de ce singulier chapeau ridiculisé par Beaumarchais ; nous saluons ces madones encastrées dans des niches fermées par un vitrage devant lequel brûle une lampe ; les églises étaient ouvertes et la population y pénétrait pour y faire la prière du soir.

Nous avions fourni une assez longue course

dans la journée ; il était temps de prendre quelque repos ; c'est ce que nous fîmes sans être troublés par aucun de ces insectes qu'on prête un peu trop généreusement, peut-être, à notre hospitalière voisine.

Le lendemain était un dimanche, bon jour pour voir une population à l'extérieur. En face de nous se trouvait une église dont les cloches trop matinales abrégèrent quelque peu notre sommeil. C'est là que nous assistâmes à la messe et que nous revîmes ces rétables, richesse et décoration ordinaire de toutes les églises espagnoles. Là se dit la messe militaire à laquelle se rend toute la garnison.

Il fallait se hâter de visiter la ville et surtout la cathédrale ; nous voyons en passant l'hôtel-de-ville et les salles où se conservent les portraits de quelques-uns des Rois de Navarre ; ceux de la Navarre française s'y arrêtent naturellement à Henri II qui se laissa, malgré sa femme, ravir la Navarre espagnole par Isabelle la Catholique. On nous y montre avec une obligeante complaisance la bannière de la ville,

puis ces petits drapeaux de velours vert et or,
portant les armes Navarraises que Sanche le
Fort adopta en souvenir de la déroute du Kalife
Mohammed le Vert et de la prise de sa suite,
à la fameuse bataille de Las Navas (1212) noble revanche de la défaite d'Alarcos (1), et qui
ornent, les jours de procession de St-Firmin,
les trompettes et les tambours de l'ayun-
tamiento.

Comment parlerais-je de la cathédrale et de
ses magnificences? — Cet édifice n'a rien de
très-remarquable à l'extérieur. Un architecte
maladroit y a commis la même faute que son

---

(1) Voir Etudes historiques sur Bayonne, par J. Balasque,
Chapitre XI, p. 551.

« Au retour de l'expédition, Sanche le Fort, composant
» l'écusson de Navarre, le forma de chaînes d'or, en
» champ de gueules, rattachées au centre par une émeraude,
» en souvenir des *chaînes* qui entouraient le pavillon de
» l'Emir Mohammed *le Vert*, et qu'il avait personnellement
» enlevées après avoir enfoncé les bataillons de la garde
» nègre. »

confrère de Paris pour St-Eustache, en érigeant une façade moderne et dans le goût des frontons grecs, qui tranche tristement avec le style général du monument. Laissons donc ce portail et pénétrons dans l'intérieur. Ici, l'aspect change et les splendeurs commencent. C'est d'abord un magnifique chœur fermé, séparé du maître-autel, occupé par les chanoines et qui porte le cachet de son ancienne grandeur. Au centre, un tombeau de marbre blanc remarquable; puis, à l'extérieur, un superbe, cloître, en bon état de conservation et où reposent, rapprochés par la mort, Mina et les chanoines.

Nous passons dans la sacristie où se déroulent à nos yeux étonnés les richesses du trésor de l'Eglise ; statues de Saints, tableaux, ornements splendides, chandeliers, croix et mobilier et surtout ces reliquaires, jadis si multipliés en France, et devenus si rares. Véritables chefs-d'œuvre de l'orfévrerie du moyen-âge et dont nos musées (celui de Cluny notamment) ont conservé quelques spécimens. — Il

faut voir ces salles capitulaires, leurs sculptu=
res, leur ornementation blanc et or, leur élé-
vation, leur belle ordonnance; il ne faut pas,
suivant moi, tenter de les décrire.

C'est dans l'examen et l'admiration de ces
merveilles, que s'écoula une portion de notre
matinée. Me sera-t-il permis de dire ici qu'elle
fut heureusement terminée par une réception
d'une cordialité pleine de distinction chez un
membre du chapitre, qui porte un nom illustre dans le pays et que ses relations avec une
noble famille française entourée à Pau d'une
sympathique notoriété, me défendent de
nommer ?

Dirais-je un mot des manœuvres de troupes
auxquelles nous avons assisté ? On sait ce qu'est
l'armée espagnole : elle a sa place marquée
dans l'histoire et sans rappeler les fameuses paroles de Bossuet dans l'oraison funèbre du
Grand Condé, on peut dire qu'elle est encore
l'héritière de cette vaillante infanterie dont la
la solide valeur assura à l'Espagne tant de glorieux succès. Sobre, agile, tempérant, coura-

geux , le soldat espagnol offre un ensemble de qualités rares et précieuses , et la guerre récente du Maroc a prouvé ce dont il était capable. Pourquoi néanmoins ne pas dire que les manœuvres de ces soldats en corps ne paraissent pas avoir ce degré de précision et d'exactitude pour ainsi dire mathématiques qui caractérise les troupes françaises? Il y règne un certain laisser-aller , qui nuit à l'ensemble et si leur marche dégagée plait à l'œil , leurs évolutions causent une moindre satisfaction. Les espagnols paraissent le reconnaître eux-mêmes , car ils disent en exaltant leurs soldats :

Soldado Español
Official Frances.

Il faut s'arrêter et couper court à ces réflexions. Ne parlons donc ni des hôtels armoriés des Ezpeleta et des Armendaritz , ni d'une corrida de novillo où s'est révélé à nos yeux le joyeux caractère de cette population. Du reste, le temps me presse et voici l'heure de reprendre la voiture qui me ramènera à Aoïz. Adieu donc, Pampelune! ou plutôt à revoir : ville gracieuse et belle, hospitalière et généreuse à qui je ne trouve plus le *sombre* aspect que lui prête V. Hugo, ville que je désire revoir, ne fût-ce que pour témoigner à ceux qui m'y ont reçu ma gratitude pour leur bon accueil,

Mais elle ne m'entend pas ; et voici que nos chevaux nous ont déjà fait franchir les portes ; nous traversons Huarte, Urroz et les villages de la vallée ; la nuit nous prend, vraie nuit d'Espagne, claire, transparente et parsemée d'étoiles ; c'est sous cette pâle clarté (1), qu'après moins de trois heures nous rentrons à Aoïz, où nous retrouvons notre posada. — Nous y retrouvons aussi notre hôte qui avec une persistance et un sans façon impitoyables

---

(1) Cette pâle clarté qui tombe des étoiles. . . . . . Corneille, *Le Cid.*

a juré de ne pas nous laisser un instant seuls et nous ponrsuit de sa présence et de ses questions sur Pampelune et l'impression que nous en rapportons. — L'heure du repos nous en délivre et soyons justes, il nous a fort proprement casés. Le lendemain, à cinq heures, nous sommes en selle ; nous traversons, de nuit, les rues silencieuses d'Aoïz, et le jour ne nous prend que lorsque déjà nous marchons depuis plus de deux heures.— Nous revoyons les sites agrestes et imposants des bords de l'Iraty, les forêts de la montagne et Burguette où nous faisons halte pour donner un peu de repos à nos chevaux et reprendre quelques forces. — Puis nous gravissons les contre-forts de Roncevaux, nous passons le Col où nous entrevoyons non sans quelque émotion les vallées lointaines de la France et après avoir descendu à pied les rudes sentiers du Val Carlos, nous atteignons avant la nuit, la frontière de Saint-Jean-Pied-de-Port.— Nous avions fait 15 lieues à cheval.

Le soir, assis auprès du feu de l'hôtel Roy,

nous entendons un roulement de tambour, dont le fini et la fermeté nous indiquent une batterie française et nous prouvent que nous sommes bien chez nous.

C'est ainsi, dirai-je en terminant, qu'on peut employer cinq jours, chez un peuple voisin et ami auquel nous rattachent tant de liens d'alliance et d'intérêts publics ou privés, à qui nous devons encore une gracieuse et bonne Souveraine. — C'est ainsi, qu'en le voyant de près, chez lui, sans façon ni apprêt, on apprend à l'estimer et j'ajoute sans hésiter, à l'aimer. — Ses défauts (qui n'en a ?) sont ceux de ses qualités et sont loin de les altérer ; son profond attachement à la religion catholique, sa générosité, son dévouement, son indomptable courage, sa grandeur d'âme ont laissé trop de traces dans l'histoire pour qu'il soit nécessaire de les rappeler. Mais dira-t-on, ses défauts : son instabilité gouvernementale, sa cruauté, sa vanité !....

Pour le premier, je n'en puis rien dire, il touche à la politique et m'interdit toute discussion. N'est-il pas cependant un peu étrange dans des bouches françaises ?

Quant à sa cruauté elle est fort exagérée et l'on ne peut juger de tout un peuple par les crimes odieux de quelques misérables. — Ce qu'on peut lui reprocher plutôt, c'est un trop grand mépris de la vie, de soi-même, ou des autres; ce bien, moins précieux que l'honneur, et qu'il faut cependant religieusement respecter, car il n'appartient qu'à Dieu d'en disposer souverainement. Mais sa vanité ? (on devrait plutôt dire : sa fierté, ce qui n'est point la même chose). Oh ! sur ce point, voulez-vous savoir comme s'exprimait La Fontaine ? Ecoutez :

Se croire un personnage est fort commun en France,
On y fait l'homme d'importance.....
La sotte vanité nous est particulière
Les Espagnols sont vains mais d'une autre manière.
  Leur orgueil me semble, en un mot
  Beaucoup plus fou, mais pas si sot.

Voilà ce que disait il y a 200 ans le bonhomme

d'un peuple fort épris de l'égalité ; sur ce, je demande pardon de la citation : je me hâte de tourner court et de me taire, ce que j'aurais sans doute dû faire beaucoup plus tôt.

PAU, IMPRIMERIE DE É. VIGNANCOUR